JN411816

여러 개의 아침

여러 개의 아침

김류은 시집

해암

시인의 말

옷을 만드는 동안 나는 나를 떠나 내면의 고요를 깁는다
뎅그렁 종소리가 바늘 끝에 걸린다
소스라치는 바람소리가 시침질에 박힌다
아무 것도 아닌 것이 씨줄과 날줄로 겹쳐 없던 팔이
쑥 생겨나고, 숨통이 뻥 뚫려 겉과 속이 상생한다

너니까 멋있어!

깊이 바라봐주는 눈빛
세상에 시라는 옷을 입힌다

2020년 1월 새아침

김 류 은

| 차례 |

1부 길 위에서 길을 본다

2부 풀들의 가무

3부 불쑥

4부 길목

여러 개의 아침

1부
길 위에서 길을 본다

하루의 저편

등 돌려가는 것이 어디 너뿐일까
오늘이 지나면 만질 수 없는
너는

머무를 수 없는 노을

바람의 문양으로 기웃대다 어딘가 묻힐 낙엽

어느 집 굴뚝에 앉았다
밥 냄새도 못 맡고 흩어지는 저녁

어디서 오는 것도 아닌 것이 어디서 오는 것처럼

눈썹달

구름도 저문 하늘마당
느낌표처럼 걸린 관념

심장이 멈춘 그곳에 피를 돌게 하고
슬퍼서 이름이 되지 못한 머리맡
봄빛 같은 훈기를 들이는

저것은 밤에만 피는 전설의 꽃

오래 자라난 난쟁이 등의 말랑한 혹처럼
고요의 통증으로 밀어 올린
환한 꽃대

휘어진 눈꼬리 아래 뒤척이는 밤

누구의 잘못인가

이제 막 가을이 오는 길목
딸네 준다고 댓 개 챙겨 놨다는 덤까지
떠리미에 담아주는 사과장수의 마음
집에 와 펼쳐보니
댓 개만 제외한 나머지
살점 깊이 번개의 칼자국에다
비바람에 매질당한 멍자국이다

다시, 별

침고인 입 우물우물 무슨 말을 하고는 있으나
말이 없고,
웃음이 없고,
울음이 없는,
그 식도 깊이 꽂힌 미음
배설물로 내놓으며
머리칼이 자라고,
손톱, 발톱이 자라지만
오직 살아 있음은
뜨거운 심장일 뿐
깊이 패인 눈동자 어디를 향해
반짝이는지

몸은 땅에 젖고
가슴은 저 별에 젖어

선

마네킹 뒤편
무수히 내리 꽂힌 시침바늘
흘러내리는 선들, 바짝 조이고 있는

생의 곡선

6월을 붉게 달구는 장미넝쿨이 아름다운 것도
가시가 그려낸
선, 선의 덕이다

바닥

소모품으로 쓰다 버리고 싶다
그러나
나를 벗어난 그림자로 따라다니며
내가
휘청거리면
휘청거린다

돌아갔다
되돌아온다

되돌아 와서도
해가 달이 되어 흐르고
달이 해가 되어 흐르듯
일렁거리는 바닥

비껴가지 못하고

멀리 간 길처럼
너는 너대로
나는 나대로
서로의 발등을 숨긴다

명당자리

이른 아침의 입김 뿜어내는 지하철역 입구 한 모서리
밭뙈기 채 떼어 온 강원도 찰옥수수
뒤를 이은 전라도 청정바다 건홍합, 마른미역, 다시마,

하루치의 봇짐들 멀뚱멍뚱 있기만 해도
저작권료 불어나듯, 절로 돈이 불어나는
'명당자리'

어둠이 차지할 때까지
누구에게나 환하게 열렸다
다시 환하게 받아들이는,

그 자투리 코너에
세상에 낼, 내 시집도 펼쳐 놓으면
물밀 듯이 팔려 나갈지

나이를 먹는 다는 것이

내려가는 일인가

하늘을 벗어 두고

허공도 벗어두고

나마저 보이지 않는 곳으로

이팝꽃

할머니의 무덤에 소복한 이팝꽃
고슬고슬한 고봉밥 같습니다
살아생전 쌀밥으로 창자 채우는 게
소원이시라더니
늦게나마 그 소원 이루시어
날것들 미물들 불러들여
풍년 잔치를 벌이시는군요

회색빛 오후

골목안 문 만드는 공장, 순식간 번져 오르는 불길속
갇힌 사람들
문은 많아도 나올 문은 없어

심장을 조이는 연기 틀어막아 동동거리다
간신히 소방관들 손 빌어 나오긴 했지만
손 쓸 수도 없는 한 사람
붉은 악마에 먹혀버리고

그 담장 장미넝쿨까지 옮겨 붙은 불길
인산인해한 물줄기 쏴아대도 미친 듯 타오르는 붉음은
장미와 불의 기氣 싸움인지
오후를 다 태우고 나서야
하늘길 내어 사라져간다

산다는 일

개가 밥그릇 핥듯이

산다는 일
바닥을 핥는 일

못 사는 사람은 산 입에 거미줄 칠 수 없어 바닥을 핥고

잘 사는 사람은 못 사는 사람에게 질 수 없어 바닥을 핥고

갈 날을 등에 업은 노파, 폐지 찾는 그 굽은 허리 아래
구멍을 찾아 들고

새들도 허공의 진창에 부리를 찧는

산다는 일
달이 밤을 밟듯
바닥을 훑는 일

봄과 겨울 사이

깨소금 솔솔 볶던, 윗집 신혼부부
섣달 눈서리 같은 냉랭한 훈기
이 보따리 저 보따리 싸놓고
먹물도 채 안 마른 전세문서
밭떼기 가르듯 갈라
네가 갈래?
내가 갈까?
서슬 퍼런 자리다툼 앞에
눈치도 없는 목련
헤벌쭉 미소 흘리고 있다

새들은

날개짓
푸드득!
저 세상
이 세상
이음새를
메꾸어 주네

길 위에서 길을 본다

가지 않는 길
길이 될 수 있을까

어둠이 으르렁거리는
칠흑 길

발목을 물고 늘어지는
진흙길

길이 길을 삼키는
눈길

허공을 뒤흔드는
바람길

앞서 가는 길도
뒤에 가는 길도

멈춤이 없는
길이, 길을 이룬다

樂

시내 한복판
그늘이 열려있는 나무 밑 비둘기 모여들 듯
하나 둘 모여드는 노인들
주고받는 장군 멍군도 없이
고물처럼 붙여진 세월 지팡이에 괴어
오가는 풍경에 눈도장만 찍고 있다

저 먼 길 너머의 그늘이
지금 이 그늘만 하겠는가

만개한 목련처럼 마른 입술 달싹이며
서로 말은 없어도
마음 그늘은 한길 되어
내일도 오늘의 이 세상 바라 볼 수 있기를
나무밑 경로당

1월의 낮달

요양병실,
담쟁이넝쿨의 깊푸른 빛을 들이마시던, 엄마
네 에미가 이 세상 떠난다고
너를 모르것냐
그러니께 질질 짜지 말그레이
하시더니

겨울나무 가지끝 열매처럼
눈빛 시린 낮달로 걸린, 당신

그 곳 세상이 편치 않아서인지

내가 당신을 놓지 못하는 까닭인지

서로 떼지 못하는 눈빛
밤이 이슥토록 젖는다

버려진 집

오랫동안 주인을 기다리던 집
뼈대가 무너지면서
집이 품고 있던, 주인의 살 냄새
벽속 갇힌 낡은 시간들
그 모두를 받쳐주던 기둥의 주소까지
뿌연 먼지의 흔적으로 사라져간다
집은
그 사람의 추억을 품어 가지만
사람은 집을 버리고 간다

여러 개의 아침

2부

풀들의 가무

기운다는 것

덤불과 가시나무 사이로
해가 질 무렵

푸드득! 푸드득! 삶을 퍼 나르던 새떼도
우거진 숲 어딘가 걸어놓은
둥지를 찾아가고

하루를 에둘러 온 내 발길도
떨궈놓고 온 집으로 기울고

삽작질 뛰놀던 삽살개도
사람냄새 찾아 코끝 벌름거리며
어느 집 처마 밑으로 기우는

한 끼의 그리움

뻘

울타리를 치지 않는
뻘에는
발 크기마다 맞춰 신는 흙 신발들
벌거숭이도 들어가 입고 나오는 옷들
게나 낙지나 조개나 짱뚱어가
걸림 없이 굴러다니는 너른 집
내어주는 것들로 가득한데

너무 깊어 잘 수도 없는
내 마음 바닥엔
밑 빠진 독이 묻혀 있는지
삼켜도 삼켜도 허하다

낯선 길

무엇이 기다리고 있는지

복자할매
목련이 자박자박 걸어 와
벗어놓은 하얀 코고무신 신고
엄마야, 내 갈끼다
가야 된다

문 밖의 삽작길도 기억의 마디를 더듬거리면서
낯선 외길을 어찌 가려는지

봄동산의 풀꽃반지 나눠끼고 서방이 되었다는
박례할배도
고개 달달 떨며 할매의 사타구니를 훔쳐주건만

저 구불텅 구름너머 더 좋은 세상이
있는 양
자꾸 간다고 떼를 쓰는
다시 7살 복자할매

헐벗은 나무

시린 가슴
깊숙이
피워낸 잎잎
품고 있는
것만이
사랑이
아니라고
생살 떼어낸
그 안으로
그리움 삭히는
저 헐벗음
앞에

나는 몇 겹의 사랑을 껴입었는가

고드름

세상의
절벽에서
반짝일
때마다
잘려
나가는
은유

사과가 익어가는 동안

집을 감싸고 있는 사과나무의 사과가
붉게 영그는 동안

사춘기 여동생 꽃을 피우기 위한 발악인지
책가방 내던지고 나간 걸음 돌아 올 줄 모르고

장날이면 농사지은 것 지고 읍에 가시는 아버지
엄마 떠나보낸 외로움 막걸리 사발에 털고,
걸쭉한 콧노래 실어오던
주막집의 과부와 눈이라도 맞았는지
밭두렁 무성한 풀포기 뒤로한 채 읍에만 쫓아 다니시며

내 공부머리 돈 아깝다고 낫자루나 쥐어주는 그 손을
밀어버린 나, 미래도 멈춰버려 뒷산 어머니의 흙집을 베고
누워 가슴에 품은 새를 날려 보내다
석양이 어른거릴 때쯤이면
살 냄새 나지 않는 집이라도 그리워
으슬렁 마을로 내려오곤 했다

뜻밖의 새벽

별들도 하나 둘 눈꺼풀 닫는 시간

위층, 청년 계단을 오른다
“니, 나 없이 될 줄 아나?!”
여친과의 이별을 술에 절어 주절거리며
계단과 집 사이 걸음 풀어져
꽝! 닫는 문소리 새벽을 뒤흔들더니

난데없이 돌려대는 세탁기 소리에
잠이 빠져나간 붉은 달이 돌아가고
맞바람 피고 집에 든 고양이부부, 앙칼진 손톱이 돌아가고
뿔처럼 곤두선 층간 소음 삐걱삐걱 돌아가지만

새벽이 아니면 무의미한 것들

흐린 얼룩으로 사라질 것들

개양귀비

새침떼기였던 친구 영란이
결혼하기 전 사귄 남친과
못 다한 사랑이라도 남았던 걸까
밀어를 즐기다 시누이에 걸려
자식도 빼앗기고, 몸뚱이 하나 건져 나와
화장품 판매원으로 보험설계원으로
세상의 모퉁이를 전전한다더니

어느 선술집 뭇사내들 홀리다
지가 지한테 흘려설랑
인적 뜸한 어디쯤
구름이 오가고
바람이 오가는
빈 하늘 바라보며
눈물 얼룩으로 사위어 가는구나

전하지 못한 말

생일 아침,
출근시간 동동거리며 끓인 인스턴트 미역국에
퍽퍽한 침묵 한 덩이 말아 후루룩 삼키는
목구멍
엄마가 나를 낳을 때의 피 묻은 울음이
턱 걸린다

겨울을 진저리치며 꽃을 피우는 나무처럼

살갗이 저미는 그 고통 위에
내 이름 석 자 심어주신, 엄마에게
짠 눈물 덜어 낸 이 국 한 그릇 바치며
살아생전, 차마 전하지 못한 말

'사랑합니다'

풀들의 가무

세상의 모든 담장 밑엔 풀들이 사네

불어오는 바람가락에 흥얼거리며
온 몸 휘저어 대는 춤사위
세상모르고 즐겁네

맨손 맨발 땅의 갈기로 내려
한평생 집 한 칸 세운 것 없어도

지구의 모퉁이 풀물의 시간으로 뒤덮어
자신들만의 색을 펼치네

장갑

나무 밑 빗물에 퉁퉁 불어 내팽개쳐진
누가 벗겨낸 삶의 흔적일까

손가락 마디마디 해져
손바닥으로 받쳐 올린 건물
얼마나 힘주었으면
그 손바닥 저리도 붉은 것인가

그러고 보면 삶이란
헛되이 빠져 나가는 낭비란 없는 것인지

자신의 생명 다 하고 떨어진
단풍잎 같은 저 붉은 장갑

김과장

제 어머니 함지박 발품 판 노고로
겨우 문턱을 넘어선 ○○대기업
줄을 잘 선건지
얼떨결에 단 과장꼬리
치고 올라오는 짱짱한 신입들에
억눌릴세라, 서류뭉치 집까지 싸들고 가
머리 싸맨 밤을 지새며
오줌발 지릴 정도로 움직여야
지킬까 말까한 '자리'라더니
김과장 꼬리에 딸려온 장미꽃 미스리
일은 뒷전, 지 외모에 침만 질질 흘린다며
상사에게 꼬아바쳐
쫓겨난 과장자리

그 충격으로 드러누운 제 어머니
자리 털 줄 모르고
가장의 자리에서도 밀려나
공원벤취 나앉아 빈 하늘만 삼키고 있다

화환의 뒤편

누구의 이름으로 빛나야 하는 화한, 행사장 입구를 장악하지만, 웅성거리는 목소리의 부피 속 둥근 접시만 오갈 뿐, 잔칫집 물 한 모금도 그의 마른목을 축여주지 않는, 홀로의 정적만을 들여마시며 몸 값 다한 그를 듬성듬성 뽑아 가려는 손길에 재를 뿌리는 이가 있다

"큰일 나요, 농약이 얼마나 많이 묻었는데"

눈으로만 만질 수 있는 그
한 막을 내린 무대 뒤에서
또 다른 이름의 리본띠 두른
같은 몸 다른 느낌
녹초가 되도록 행사장을 빛내고 있다

한 끼 바라기들

산봉우리 솥단지 속 설익은 햇살 뜸도 돌기 전
굶주린 승냥이 피냄새 찾아 들 듯,
킁킁 밥냄새 찾아드는 무료급식처
오늘은 어떤 찬일까?
설렘으로 달싹이던, 허기 앞에
툭, 던져진 한 끼

– 케켁, 이게 국인교? 소금물인교?
– 뭐라카노, 뱃대지가 처 불렀나

수저 담군 식판 냅다 뒤엎고
건들건들 멀어졌던, 뒤통수 긁적이며
모친요, 도와 줄거 없소?
침튀긴 그릇들에
붉혔던 마음 말갛게 씻어내며
또 내일을 희망하는 그들

거울 속 여자

꽃주름 입술 위 더운 손 얹어
빤히 쳐다보는
저 여자
나를 아는 듯
멈칫, 돌아보다 돌아서 가는
그 굽은 등에 마른 시냇물 소리
세월의 뒤안을 더듬어 가네

필순할매의 봄

손톱 밑 때 한 점 벗겨내기도 벌벌 떨던
필순할매
기댈 곳은 돈 밖에 없다며
무른 호박 바늘도 안 들어갈 '동네뒷담' 귀 막아
억척스레 피웠던 봄, 찰나에 지고

풀잎 위 달팽이 같은 가난
한방에 바꿔 준다며
폐지삯 한 푼 두 푼 떼어 모은
필순할매의 때 묻은 일생

홀랑 뜯어간 남편
노름판 구땡이 잡느라
봄이 피는지 지는지 아랑곳없고

피보다 진한 동백만 망자를 지킨다

3부
불쑥

장터 무쇠솥

시집올 때 같이 온 무쇠솥

자식들만 몇 지게 낳아 놓고 떠나버린 서방
그 자리 대신하느라
질펀한 장터 바닥 나앉은 무쇠솥
세월의 때 손자국으로 반질반질 닳아
파릇한 연기 콜록이며
속 깊이 우려낸 뽀얀 아침
욕지거리 얹어 푹푹 퍼주면서도
있으면 있는 대로
주머니 잇속 챙길 줄 모르고
퍼내도 줄어들지 않는 인심만
그 장터를 지키고 있다

빽

돈 빽만 있으면 징글징글한 서방도 확 갈아 치우고 싶다던 여편네
그 주머니 한번 들어간 돈 곰팡이가 쓸 정도니, 자린고비도 까무러칠
소금 중에 왕소금

어디서 바람이 들었는지
"명품 빽이라도 들어보고 죽으면 때깔이라도 좋을라나"
전세 문서와 맞바꾼 명품빽

"나 이런 여자야!"
뽕 세운 어깨 샬랑샬랑 개폼잡고 가다
오토바이 빛의 속도로 낚아 채이고

끙끙 머리 싸매
벙어리 냉가슴 앓는
빽!

막차가 오고 있는데

지하철 마지막 발자국 숨 가쁘게 닦는 청소부

저만치 육개장라면으로 때늦은 허기를
채우는 노숙자

시뻘건 국물 바닥에 찔끔, 찔끔

"아이 보소, 지금 엿미기는교?"

얼굴 붉히면서도 묵묵히 자신의 삶을 닦는다

하루의 끝 무렵 기적소리
청소부의 고된 몸을 등지고 간다

달을 시청하다

백주 대낮같이 분칠한 저 여인네 보게나!

칠레레 팔레레 풀어헤친 치마폭 속 물컹한 살점
늙은 소나무의 등짝에 부벼대니
꼬랑꼬랑 죽어가던, 푸른 정기
달의 비릿한 살 냄새 속 파고들어
헐떡! 헐떡!

밤의 환한 귓바퀴들 엿듣는 줄도 모르고

술

질펀한 달빛 아래 퍼질러 앉아
홍야홍야 청춘을 주고받던 벗
좀 잘 나간다고 거들먹거리더니만
간경화 선고 받은 죽상 된 몰골
내 무르팍 잡고 늘어진다

제 아버지 사망보험으로 차린 공장
꼴딱 숨 넘어 가기 직전 거품 물고 드러 눕는 터에
내 청춘 담보잡아 빌려 준 돈
다 살았냐며, 염장만 질러대더니
내 간까지 떼어 달라는 뻰대놈

목젖 열고 콸콸 쏟아 붓는 술은
매정히 끊으면 그 뿐
개도 안 물어갈 우정나부랭이 지키려다
내가 죽게 생겼네

첫 출근 날

물 마시러 나온 새벽녘
어머니, 한 번도 보지 못한 저금통 배 갈라
정성스레 세는 저 동전으로
밥상에 고깃국을 올리시려나?
물빛 낡은 점퍼만 걸치시는, 아버지 옷을 사시려나?
효자 신발 하나 안 사주는 불효라고
입 삐죽거리는, 할머니 그 신발을 사시려나?

다음 날 내 첫출근 아침
바깥으로 향한 새 구두 한 켤레
아, 어머닌 그 길을 열어 주시려고
은빛 새벽을 지새우셨구나

마른 잎 뒤에 물고기 등뼈처럼

돈이 권력인 세상
턱만 괴고 기다린들, 누가 손아귀 쥐어줄까

　차일피일 미루는 거래처 수금, 도끼눈 부릅뜬 나보다 더 이 앓는 소리에 풀죽어 나오면서도, 앞으로 먹고 뒤로 세는 꼼수에 말려든 건 아닌지, 돌아서면 돌아오는 직원들 봉급에다 자고나면 치솟는 임대료에다 먹은 것 불려 토해내야 하는 세금, 인생 미끄러지며 겨우 하나 건진 집문서 붉은 흔적으로 얼룩지고

마른 잎 뒤에 물고기 등뼈처럼 열하의 사막을 기어서라도
저 깊고 푸른 물살까지 가야한다
한 줄기 모랫바람에 으스러지더라도

새벽별 하나

넘어 올 수 없는
어둠의 금에서
서성이는 별 하나
내 마음 깊은 곳에
떨
어
져
잠못드는 밤이 길구나

야경 탓인가

밤은
아픔을 품고 있다

어느 대교 밑 뿌려진 빛속으로
삶의 전부를 내던졌다는 남자
다행히 감시망에 걸려 목숨은 건졌다지만
그 휘황찬란한 빛이 천국으로 가는 영원이라 여겼을까

아무리 아름다운 빛조각도
암울한 어둠으로부터 피어나는 것을

구두쇠의 구두

수레바퀴 구르듯, 모서리 찢기고
패인 상처 겹겹이 덧대어
비스듬히 걸어 왔어도
어긋난 길은 걸어오지 않았으므로
아직, 더 걸어야 할 길이 남았다는
그의 인생 녹아난 구두 한 켤레

허공에 세들고 싶다

걸어 놓은 전세 곶감 빼먹듯 바닥내고, 남은
이 몇 푼에 어느 지붕이 이슬을 가려줄까
이대로 멎었으면 좋을 시간은
심장에 곤두박질치고
미간 치켜 올린 집주인 인내도 바닥을 드러내
구들장 들어내듯, 보따리 말아 등 떠밀리는
이 막막함에 예고 없는 비까지 후려치는데
한쪽 눈알 빠진 곰 인형 안고
"아가야 이사 간다"
좋아라 날뛰는
저 짐짝을 끌고
달팽이 벽 긁어 오르듯이
허공에 세들고 싶다

발아래 대궐 같은 집이 부러울까

겨울 동백

찬바람 오소소 몰리는
뒷골목

"오빵 쉬었다 가!"

그 붉은 입술에 뭇사내들
뜨겁게 데인다

골목의 유전자

계~란이 딸랑 딸딸 하시는 집은
똥~실 똥똥 홰친, 유정자, 무정자, 쌍전자
입맛대로 가져 가시요

귓전을 때리는 그 소리에
왈왈대는 소리까지
소쿠리 든 여편네들 왁자지껄 쏟아져 나오는
골목어귀
우산대 괴고 앉은 할머니
메추리 알 하나 안 주면서 떠들기만 한다고
우산지팡이 삿대질 해대거나 말거나

능청스레 골목 겨드랑이를 끼고 도는 오후
늦가을 나무들처럼 소란하다

뭍으로 간 태양호

엄마 몸에서 풀풀거리는 비린내도 싫고
아버지 잡아먹은 바다도 싫어

뭍으로 가서 돈 많이 벌어
엄마 호강시켜 준다던, 아들놈

풋풋한 패기 태양호 실어
물굽이를 건너 갔던 꿈이
먹구름으로 울산댁 가슴을 덮친다

번개피자 배달 가던 오토바이
번개처럼 달리다 공중으로 튕겨 올라 간
그 아래
객지 간다고 제 엄마 졸라 사 신은 메이커
운동화, 아직 문수 딱지도 안 떨어진
그 흔적만을 부둥켜안은 울산댁
서방 건너가고
자식 건너간 저 세상 넋 걸어 놓고

불쑥

사랑을 나눈다는 건
비밀번호도 나누는 거라며
내 지문에 꼭꼭 새겨주던 너

어느 휴일 몸살로 누워있다기에
죽을 사들고 불쑥 찾아간 너의 집
인기척은 온데간데없고
컵에서 흘러내리는 여자의 붉은 입술자국만
황당스럽게 나를 반기고 있다

이럴 때 숨을 쉴 수 있다는 게
참 다행이라고

차라리 너에게 가는 길을 몰랐더라면
불쑥 찾아온 파문도 없었을 것을

시간의 각질

오랜 시간 화분을 받쳐 주던 물 받침대
화초의 푸른빛 키워 올리느라
짓무른 엉덩이 푸르스름한 각질이 박혔다

그러고 보면
자신 안에 무언가를 키워 올린다는 것이
시간의 속살로 굳어지는 것임을

습관의 자유
– 수면제

달달한 잠을 꿈꾸며
하룻밤 어둠과의 동침

악몽의 늪에 덥석 물렸다
검은 양수 속 태아처럼
손짓 발짓 어둠 밖의 세상을 두드려 보지만
나와 세상으로 부터는 먼 고요
겨울을 앓고
봄을 앓고
나는 얼마 동안을 혼절해 있었던 걸까

여러 개의 아침

아직 군데군데 검은 별이 박혀있는 아침

앞집 대봉씨
늙은 애비 잠든 머리맡
어룽지는 밥상차려 놓고
덜컥덜컥 안전화 소리
비탈길 깨운다

제 멱살 움켜쥐고 웩웩거리다
고꾸라진 술병의 정수리에
오늘이 아니면 풀지 못할
푸석한 어떤 아침

별들이 사라진다

4부
길목

심야

달빛의 흐름도 지워진 시간
사내 하나
점퍼주머니 속 젖은 밤을 뒤적이고 있다
드문드문 다가오는 택시도
비틀거리는 그림자 사이로 보내버린 채
애먼 나무를 붙들고 세상살이가 어쩌네 저쩌네
누구 하나 듣는 이 없는 넋두리 풀며
어둠의 끝을 서성이고 있다

구석이 바쁘다

닫힌 듯 열려 있는 우리 집 구석이 바쁘다

아버지와 어머니의 구석
이마 맞댄 가정이 돌아가고

누나의 구석
소곤거리는 청춘사업이 돌아가고

내 구석
와이파이처럼 뻗친 미래가 돌아가고

시계의 구석
심장을 찢는 시간이 돌아가고

세탁기의 구석
근심을 씻는 물살이 돌아가고

꽃들의 식사

공사장,
황사바람 날리우는 길모퉁이 퍼질러 앉은
아줌마들

알록달록 꽃몸빼 꽃밭을 이루며
펼쳐 놓은 도시락 찬 밥덩이도

하하 호호
행복으로 떠먹는다

겨울 갈대

3년상 치루는
소복차림의 저 여인
강바닥 엎어져
꺼이꺼이 토해내는
울음소리
언 강을
쩍쩍 가른다

길목

그대 기댈 가슴 한 켠 비워놓고
저문 저녁을 기다리듯

지친 마음 잠시나마 위안되기 위해
조용히 자리 내어 기다리는 벤치
그 머무름은 짧아도
떠나감은 돌아옴이라고
먼 날 스쳐간 발자국 소리 품어
기다리는 그리움이 있다

오륙도의 전설

고깃배 타고 나간 아버지
안개속 돌아오는 길 잃을까 봐
오륙도 형제의 맏아들
동생들 줄줄이 손잡고 나와
아버지의 배 돌아올 길목 열어 놓고 있다

밤의 여로

낱낱의 어둠이 한 덩이로 뭉쳐진다

하루가 검은 벽속 숨을 죽인다

세상은 엄마의 너른 품으로
잠들지 못한 영혼을 다독이고
야수 같은 어둠의 무리는 공중과 지상을 활개 치며
밤의 소음들을 혼절시킨다
울음으로 비상하던 새들도
목구멍까지 차오른 울음을 억누르고

아직 새벽은 적막으로 뒤척이는데

저만치 밤 바깥에서
삶이 떨군 살비늘을 쓸고 있는
미화원
그 굽은 등에 흐르는 빛이 훤하다

고향 선물

작년 설엔 화장품이더만
요번엔 마카 약인거 보니께
약쟁이 회사 취즉 했나보네
이놈아 사내자슥이 불알이 가벼우면
출세를 못하는 기라
과실이든 곡식이든
한구녕 밥을 묵어야 튼실한 물건이 되는 기지

사람과 섬

사람은
섬을 그리워한다

섬은
사람을 그리워한다

그 가슴마다에
자라는 외로움
길을 열어 놓고

밤을 들썩이는 꽃

업소 대기실,
누군가에게 꺾이기 위해 향기단장 하고 있는 꽃
손전화 귀에 붙여 갈팡질팡
마음은 아픈 아이에게 가 있는 그녀
이제 막 꽃몽우리진
퉁퉁 불은 젖가슴 싸매어
손님방 불려갔던 문 박차고 나와
뿜어내는 줄담배 연기에
떼어 놓은 새끼걱정
허탕 칠까 걱정
가시방석 위의 밤

뺑튀기

제 아버지로부터 대물림 받은 반반한 인물에 뺑튀기 기계 하나, 있는 돈 없는 돈 긁어 겨우 장만한 트럭에 싣고 팔도를 주름잡는 입담, 시퍼렇게 눈뜬 마누라 제 애미 누운 요양병원 병수발 시켜놓고 홀애비라고 뻥을 처대며 방방곡곡 여편네들 홀려 그 치마폭에서 딸려 나온 새끼도 오골오골 튀겼다지만

정작, 제 가정의 행복은 튀기지 못하고
콩 굴러가듯 뿔뿔이 흩어진 가족을 뒤로한 채
어느 과부댁 문간 밖에서 동사凍死 했다는
소문만 뻥! 인지 아닌지 떠돌고 있는
박씨

귀가 두 개인 까닭

좋은 말은
소라처럼
담아놓고

거슬리는 말은
흘러버리라고

문이 없는
두 개의 귀
일맥상통 하구나

민들레 여자

먼 골짜기로부터
마른 시냇물처럼 흘러온 여자
한 생을 이은 백발머리
바람의 입김 한 번에
훅 흩어져
가 닿는 곳도 없이 훨훨 떠나가네

가난의 봇짐 풀어 꾸렸던 신방
허물로 벗어두고
홀로 꽃心에 이름 하나 얹어 가네

사거리 식육점

대목밑,
북적대는 '사거리식육점'
핏물로 질퍽이는 애비의 바쁜 손을 돕겠다고
팔 걷어붙인 열대여섯의 소녀
갖다 대기만 하면 싹둑 잘라버리는 가위 같은,
전기톱에
소뼈와 맞물린 소녀의 한쪽 손
바닥으로 툭 내동댕이 쳐진
그 짙은 피비릿내
사거리를 가득 메운다

약속다방

간판에 붙은 약속은 보이지 않고

노신사의 옆구리 찰싹 달라붙은,
마담의 간드러지는 알랑방귀에
달걀노른자 동동 띄운 쌍화차만 오갈뿐

바람맞고 물잔만 딸싹이다 가는
내 뒤통수엔 '재수 없다'며
왕소금을 갈겨댄다

아, 약속다방은 약속다방이 아니었다

춤

나는 춤을 추지만
내가 춤을 추지는 않는다
나는 내 몸에게 춤을 맡기고 빠져나오면
춤은 내 손끝으로 발끝으로
흐느적흐느적 흘러 다니며
내 영혼을 조정할 뿐

나는 춤 바깥에 있다

밥

생일밥상 한번 못 받아 봤다는 고모
제사 밥은 꿈도 안 꾸신다더니

고모 기일
제사 밥에 꽂은 숟가락
비스듬히 기울어지는 걸 보니
의외의 정성에 감응하셔
맛나게 드셔주는 것일까
사死에서도 '밥'이란 것을 먹어야
힘이 나서일까

조물주께서 주신 선물의 제일은
사랑과 정을 돋우는 밥이 아닐지

나비가 떠난 아침

푸른 눈동자 골목 구석구석 굴리던 고양이
밤사이 어떤 차바퀴가
털 것 하나 상처도 없이
저토록 깊고 깊은 잠을 재워 놓고 갔는지

꽃잎 위 나비가냥
세상 없이 편안 하구나

|해설|

박미정 — 시인 · 문학평론가

휴머니스트의 수용 미학

박미정 | 시인, 문학평론가

시인의 첫 시집『여러 개의 아침』을 상재하면서 첫머리에 올린 시인의 말이 무척 인상적이다. "너니까 맛있어!"라고 하는 의미심장한 한마디에 시인의 시가 제공해 줄 동기와 감동과 획득성이 궁금해진다.

한마디로 내면의 고요를 깁는 삶의 현장에서 시를 인식해가는 시인의 시선은 하루를 보다 선명하게 보고자 하는 적극성을 보이고 있다. 이러한 미의식은 휴머니티의 자세라 할 것이다.

등 돌려 가는 것이 어디 너뿐일까
오늘이 지나면 만질 수 없는
너는

머무를 수 없는 노을

바람의 문양으로 기웃대다 어딘가 묻힐 낙엽

어느 집 굴뚝에 앉았다
밥 냄새도 못 맡고 흩어지는 저녁

어디서 오는 것도 아닌 것이 어디서 오는 것처럼

—「하루의 저편」 전문

"하루의 저편"에서 하루의 저편이 오고 가는 것은 확정적이지만 그 공간에서 일어나는 일은 가변적이다. "등 돌려 가는 것"에 익숙해져 있는 시적 화자의 목소리는 "너는"이라고 직설적이고 분명한 태도로 지적한다. 이러한 상황은 자연환경과 결합하면서 〈머무를 수 없는 노을, 묻힐 낙엽, 흩어지는 저녁〉에서 긴장감은 고조된다. 하지만 종결에서 "~것처럼"이라고 하여 '본다'의 한계를 토로하여 자신의 감정을 보편적인 감정으로 전이시키는 시적 효과를 거두고 있는 것이다. "소모품으로 쓰다 버리고 싶다/ 그러나/ 나를 벗어난 그림자로 따라다니며/ 내가/ 휘청거리면/ 휘청거린다// 돌아갔다/ 되돌아온다" (「바닥」 부분)에서는 자신의 주관적인 감정을 바닥에 투사하여 객관화하는 방식이다. 제목에서 회복의 장면을 기대하게 하는 "바닥"은 오히려 부메랑이 되어 다시 돌아와 절망적인 현실을 외견상으로 수

용하면서도 체념하지 않는 정서를 보이고 있다. 시인의 독자적인 감정의 조절과 전환에 「헐벗은 나무」에서 자신 내면의 삶을 성찰하는 자세를 보이고 있는 것을 볼 수 있다.

시린 가슴
깊숙이
피워 낸 잎잎
품고 있는 것만이
사랑이
아니라고
생살 떼어낸
그 안으로
그리움 삭히는
저 헐벗음
앞에

나는 몇 겹의 사랑을 껴입었는가

– 「헐벗은 나무」 전문

「헐벗은 나무」에서 시인은 헐벗은 나무를 자아와 합일되는 모습으로 조화롭게 배치하고 있다. 떠나보내고 남은 흔적을 절실하게 표현한 "헐벗음"이라는 표현은 현실을 담담하게 그림으로써 강렬하게 그리움의 파장을 남기고 있다. 자연을 통한 자각을 순수한 정신으로 용해해 나가는 시작 태도는 간결하고 정제된 시어로 시의 강도를 더하고 있다.

"넘어올 수 없는/ 어둠의 금에서/ 서성이는 별 하나/ 내 마음 깊은 곳에/ 떨/ 어/ 져/ 잠 못 드는 밤이 길구나" (「새벽별 하나」 전문)에서 초반에 보이는 정적은 잠 못 드는 밤이라는 사건을 일으킨다. 현실을 깊이 실감하는 현장을 지키고 있는 "내 마음의 깊은 곳"은 "밤이 길구나"의 점층화, 확산화를 의도적으로 꾀하고 있는 것이다. 그리고 자아와 타자와의 합일의 다면화를 긍극적으로 드러내고 있으며, 저변에 깔린 사랑의 이미지는 휴머니티의 시적 완성도를 높이는 역할을 한다.

마네킹 뒤편
무수히 내리꽂힌 시침바늘
흘러내리는 선들, 바짝 조이고 있는

생의 곡선

6월을 붉게 달구는 장미넝쿨이 아름다운 것도
가시가 그려 난
선, 선의 덕이다

— 「선」 전문

이 시에서 마네킹을 관찰자의 시선에서 보고 있다. "뒤편"은 그림자를 대신으로 표현하기에 수월하며 고통이 있다는 이중적 의미도 곁들인다. 다행히 생명성이 없는 사물의 뒤편에서 만들어내는 생명의 직접적인 도구는 시침바늘이다. 옷을 만들어내는 도구로서 활용성이 대단하지만 뾰족하고 날카로운 끝은 가시를 대신하는 상징성이 있다. 생의 곡선을 만들어내는 대안적인 의미를 구성해내는 시인의 의도는 "장미넝쿨"에 있다. 강한 것이 부드럽다는 의미가 중첩되는 "곡선"의 시적 전개 논리는 생명의 의미뿐만 아니라 향기라는 뉘앙스까지 확장시키고 있다. "나는 춤을 추지만/ 내가 춤을 추지는 않는다/ 나는 내 몸에게 춘을 맡기고 빠져나오면/ 춤은 내 손끝으로 발끝으로/ 흐느적흐느적 흘러 다니며/ 내 영혼을 조정할 뿐// 나는 춤 바깥에 있다"(「춤」 전문)에서 시선은 춤을 만나는 사태를 주시한다. 그러면서도 춤에 '영혼'으로 표현되는 자아의 내면이 표백되고 있다. "나는 춤 바깥에 있다" 하여 수동적인 관찰자의 시선은 시인이 복원하고자 하는 현실의 고통과 어려움을 걸러내는데 있다.

다음 시 「여러 개의 아침」에서 타자를 통해 보는 아침은 그늘진 현실을 직설적으로 토로하고 있다.

아직 군데군데 검은 별이 박혀있는 아침

앞집 대봉 씨
늙은 애비 잠든 머리맡
아롱지는 밥상 차려 놓고
덜컥덜컥 안전화 소리

비탈길 깨운다

제 먹살 움켜쥐고 웩웩거리다
꼬꾸라진 술병의 정수리에
오늘이 아니면 풀지 못할
푸석한 어떤 아침

별들이 사라진다

—「여러 개의 아침」 전문

「여러 개의 아침」에서 시적 주체는 타자를 통해 주체의 자아 찾기를 짐작하게 한다. 현실적으로 아침은 하루를 시작하는 출발점이라고 할 수 있다. 1연에서 시적 화자가 타자와 함께 상황적 구속을 벗어나고자 하는 공동체적 아침의 풍경이며 "검은 별"을 통해 지난밤의 극한상황을 상상하게 한다. 2연에서 시적 주체는 타자와 분리되어 관찰자의 시선이다. 휴머니즘의 실천이라는 인상을 갖게 하는 머리맡에 밥상 차려 놓는 모습에서 인간답게 살고자 하는 본성을 볼 수 있다. 이것은 여러 개의 아침 중에서 주체가 선택하고자 하는 아침이 아닌가 하는 생각도 할 수 있다. 그 아침은 "안전화"를 통해 의지를 옹호한다. "깨운다"에서 실현되는 아침은 3연에서 부정적인 현실 극복을 위해서는 자신의 허울도 부정하지 않는 시적 주체의 결백성을 노출시킨다. 간밤의 과음으로 부기가 전부 빠지지 않은 푸석한 아침은 4연에서 검은 별을 완전히 사라지게 하는 중요한 발판이 된다. 아침의 이미지를 배가시키고 시적 효과를 한층 더해주는 미학적 성과를 보이고 있다.

다음 시「나비가 떠난 아침」은 '나비'의 평화롭고 아늑한 풍경에다 차바퀴를 클로즈업하여, 생명과 산업의 대립을 해소하는 해법을 시도하고 있다.

푸른 눈동자 골목 구석구석 굴리던 고양이
밤사이 어떤 차바퀴가
털 것 하나 상처도 없이
저토록 깊고 깊은 잠을 재워 놓고 갔는지

꽃잎 위 나비마냥
세상 없이 편안하구나

—「나비가 떠난 아침」 전문

옛날 할머니들은 길고양이를 친숙하게 나비라고 불러 밥그릇을 내밀었다. 그렇게 보면 나비는 고양이의 대명사라고 해도 될 것이다. "저토록 깊고 깊은 잠을 재워 놓고 갔는지"는 단순한 의문이 아니다. 사랑의 가치를 밝히고자 하는 서정을 반증하는 말이다. "꽃잎 위 나비마냥"에서는 길고양이가 은근한 기쁨을 누리며 생명의 향상이라는 본질적인 소망을 성취하는 것이다.

시인의 시가 개인적인 서정의 표출에 국한되지 않고 보편적 가치 형상화에 중요한 몫을 담당하는 것을 (「밤의 여로」 부분)에서 의미 있는 말을 하고 있다. "저만치 밤 바깥에서/ 삶이 떨군 살비늘을 쓸고 있는/ 미화원/ 그 굽은 등에 흐르는 빛이 훤하다"라고 하여, 보여 주는 현상학은 말과 상응한 의미를 갖는다. 휴머니티의 선량한 시선이 아닌가 여겨진다. 이러한 면은 "막차가 오고 있는데"에서도 만날 수 있다. "지하철 마지막 발자국 숨 가쁘게 닦는 청소부// 저만치 육개장라면으로 때늦은 허기를/ 채우는 노숙자// 시뻘건 국물 바닥에 찔끔, 찔끔// "아이 보소, 지금 엿미기는교?"// 얼굴 붉히면서도 묵묵히 자신의 삶을 닦는다// 하루의 끝 무렵 기적 소리/ 청소부의 고된 몸을 등지고 간다"(「막차가 오는데」 전문)

별들도 하나둘 눈꺼풀 닫는 시간

위층, 청년 계단을 오른다
"니, 나 없이 될 줄 아나?!"
여친과의 이별을 술에 절어 주절거리며
계단과 집 사이 걸음 풀어져
꽝! 닫는 문소리 새벽을 뒤흔들더니

난데없이 돌려대는 세탁기 소리에

잠이 빠져나간 붉은 달이 돌아가고
맞바람 피고 집에 든 고양이부부, 앙칼진 손톱이 돌아가고
뿔처럼 곤두선 층간 소음 삐꺽삐꺽 돌아가지만

새벽이 아니면 무의미한 것들
흐린 얼룩으로 사라질 것들

— 「뜻밖의 새벽」 전문

시적 화자는 자기의 욕망보다 타자의 욕망에 편입된다. "니, 나 없이 될 줄 아나?!"에서 보이는 물음표와 느낌표를 동시에 사용하여 은유를 형성하며 타자의 정보를 의미화하고 있다. 새벽 시간과 함께 구성된 스토리의 뉘앙스가 타자의 분열상 위에 표상한다 하여 이웃의 삶을 보편 무의식적으로 제시하는 것은 아니다. "뿔처럼 곤두선 층간 소음"이라고 공동체적인 삶의 환유적 연쇄 고리를 이루면서 "새벽이 아니면 무의미한 것들"로 일축하는 장면을 연출한다. 표제로 쓰이는 "여러 개의 아침" 중에 하나로 보다 실재적일 수 있다.

가지 않은 길
길이 될 수 있을까

어둠이 으르렁거리는
칠흑길

발목을 물고 늘어지는
진흙길

길이
길을 삼키는
눈길

허공을 뒤흔드는
바람길

앞서 가는 길도
뒤에 가는 길도

멈춤이 없는
길이, 길을 이룬다

– 「길 위에서 길을 본다」 전문

메를로 퐁티(Mer leau-Ponty)는 "인식의 문제를 지각(perception)으로 귀착시킨다. 그에 의하면 지각 대상은 우리의 의식에 영향을 끼치지만, 지각되는 순간 원래의 대상 자체가 아니라 '의미화'된 존재로 변화된다."라고 말하였다. 이러한 인식론을 바탕으로 부여해 보면 "길 위에 길을 본다"는 길의 원형을 지각하여 시적 형상화를 꾀한 것이다. 시인의 내면에 새로운 삶에 대한 동경, 그리고 희망이 움직여 나가는 "멈춤이 없는/ 길이, 길을 이룬다"는 시인의 지각에 의해 추출된 것이며, 지상적 삶의 해소방법이 길 위에서 길을 보는 것이라는 의식과 무관하지 않다. "무엇이 기다리고 있는지// 복자할매/ 목련이 자박자박 걸어와/ 벗어놓은 하얀 코고무신/ 엄마야, 내 갈끼다/ 가야 된다"(「낯선 길」 부분)에서 또 다른 길을 통해 길을 인식하는 계기를 마련한다. 현실적으로 길을 찾는다는 것이 삶의 버팀목을 찾는 것과 다름이 없다. 시인의 이러한 고뇌는 낯선 길에서 "길이, 길을 이룬다" 는 당위성에 귀착한다.

울타리를 치지 않는
뻘에는
발 크기마다 맞춰 신는 흙 신발들
벌거숭이도 들어가 입고 나오는 옷들
게나 낙지나 조개나 짱뚱어가
걸림 없이 굴러다니는 너른 집
내어주는 것들로 가득한데

— 「뻘」 부분

손가락 마디마디 해져
손바닥으로 받쳐 올린 건물
얼마나 힘주었으면
그 손바닥 저리도 붉은 것인가

— 「장갑」 부분

"큰일 나요, 농약이 얼마나 많이 묻었는데"

눈으로만 만질 수 있는 그
한 막을 내린 무대 뒤에서
또 다른 이름의 리본 띠 두른
같은 몸 다른 느낌
녹초가 되도록 행사장을 빛내고 있다

—「화환의 뒤편」 부분

이들 시편들은 자연이나 사물의 이름을 빌려 상상력의 깊이를 보여 주고 있다. "벌거숭이도 들어가 입고 나오는 옷들"은 베품과 나눔의 구조를 형성하여 따뜻하게 누릴 공간으로 제시된다. 이것은 "얼마나 힘주었으면/ 그 손바닥 저리도 붉은 것인가"에서 보여주는 슬픔은 단순한 사실의 감정 토로가 아니라 어려운 삶을 극복하고 사는 사람들의 모습으로 해석할 수 있을 것이다. "같은 몸 다른 느낌"은 양심이나 진실을 비추어 주는 거울로서의 상징성을 갖는다고 하겠다. 즉 형식적인 도덕성을 거부하는 미적 질서의 세계를 찾으려는 데 주목한다. 이처럼 자연이나 사물의 실재를 새롭게 이해하는 것은 선험적 인식에 의해서든 경험적 인식에 의해서든 시인의 사고 방법이 진정한 가치관을 획득하려는 것에 있다고 할 것이다.

김류은의 시집『여러 개의 아침』은 현실에 대한 상징적 의미가 많은 작품들이었다. 시의 본도는 휴머니티로서 타자를 향한 '사랑'의 정서이며, 정서적 효과로 나타난다는 점에서 중요한 의미를 가진다. 자아를 향한 더 깊은 고뇌와 휴머니티의 상상력이 이어져 시인의 시의 가치는 더 높아질 것이라 믿어 본다. 시인의 첫 시집『여러 개의 아침』을 상재하면서 첫머리에 올린 시인의 말이 무척 인상적이다. "너니까 멋있어!"라고 하는 의미심장한 한마디에 시인의 시가 제공해 줄 동기와 감동과 획득성이 궁금해진다.

여러 개의 아침

인쇄일 2019년 12월 24일
발행일 2020년 1월 10일

지은이 김류은
펴낸이 박철수
펴낸곳 도서출판 **해암**

등록번호 제325-2001-000007호
주소 부산시 중구 백산길 17 삼성빌딩 702호
전화 051)254-2260
팩스 051)246-1895
메일 haeambook@daum.net

ISBN 978-89-6649-179-7 03810

값 10,000원

*이 도서의 국립중앙도서관 출판예정도서목록(CIP)은 서지정보유통지원시스템 홈페이지 (http://seoji.nl.go.kr)와 국가자료공동목록시스템(http://www.nl.go.kr/kolisnet)에서 이용하실 수 있습니다. (CIP제어번호 : CIP2020000151)